pit vogt

DRECKIGE ZEITEN

dunkle gedichte

Idee, Design & Layout: Pit Vogt

Alle Texte sind frei erfunden

Impressum

© 2021 Pit Vogt
Herstellung und Verlag:
BoD - Books on Demand, Norderstedt
ISBN- 9783755726685

Diese Zeit lässt Wunden schmerzen
Und Hoffnung stirbt im letzten Schrei
Zerstört manch´ Seele
Auch manch´ Herzen
Ist uns das wirklich einerlei

Nahaufnahme

Die Dummheit zieht durch seichte Gassen
Der Dümmste protzt mit einem „Stern"
Manch´ Drogenmob beherrscht die Straßen
Willst du was sein
Dann musst du hassen
Dann hat man dich zum Fressen gern

Die größten Ratten ziehen die Fäden
Die stecken sich Millionen ein
Die scheißen auf Gesetz
Und jeden
Die wollen weder büßen
Beten
Die sind nur Assis
Die nicht fein

Bist du zu ehrlich
Musst du sterben
Dann wirst du hungern bis ins Grab
Für Güte wirst du gar nichts erben
Das Gute liegt in Schutt und Scherben
Als Gutmensch zockt man flott dich ab

Wenn du betrügst
Bist du ein Sieger
Mit Lug und Trug kommst du recht weit
Singst du stattdessen schöne Lieder
Tritt in den Arsch man dich
Mein Lieber
Dann bist du jenseits dieser Zeit

Willst du Gesundheit
Muss du zahlen
Aalglatt kassiert manch' „Doc" dich ab
Scheiß auf die Kranken
Scheiß auf Qualen
Als reicher Spinner darfst du prahlen
Als arme Sau stürzt du ins Grab

Der Abschaum grölt durch manch' Provinzen
Vergessen dort der letzte Traum
Gesellschaft, Anstand:
Längst verschissen
Der Pöbel keift und lässt dich grüßen
Zerstört das Klima
Wald und Baum

Versiffte Welt
Versaute Erde
Das Übel kriecht durch all den Dreck
Von Wut durchsetzt manch'
Menschen-Herde
Am Straßenrand manch' Müll
Manch' Scherbe
All der Gestank zieht lang nicht weg

Ja, die Gesellschaft ist zum Kotzen
Hier scheißt wohl jeder
Jeden an
Man kann auf all das nur noch rotzen
Hier darf der Teufel blöde glotzen
Weils abwärts geht im Sturm
Sodann

Hölle

Aus dunkler Tiefe einer Nacht
Gewälzt im Dreck
Auf Teufels Haut
In Schweiß gebadet aufgewacht
Im Höllenschlund die Zeit verbracht
Dort, wo der *Chupacabra* kaut

Entsetzen tief im Angesicht
Zerschellte Träume
Dort am Fels
Nie wieder Lachen
Auch kein Licht
Ein neues Leben gibt es nicht
Nur jenes Teufelshundes Pelz

Dein Ende längst vorherbestimmt
Die Sonne weit im Nichts
Verbrannt
Dort, wo kein Hoffnungsschimmer glimmt
Gesicht und Leben längst verstimmt
Da ist des Teufels
Böses Land

Und jene Nacht flieht nimmermehr
Sie ätzt durchs Hirn sich
Bis ins Mark
Dein Wunsch nach Glück
Wiegt tonnenschwer
Doch Blick und Aussicht bleiben leer
Du bist wie Gummi
Nie mehr stark

Verzweifelt kriechst Du
Durch den Schlamm
Der Dich umhüllt
Umklammert
Klebt
Im Herz ists seicht Dir
Müd und
Klamm
Und Deine Seele ward zum Schwamm
Dort, wo der Ziegensauger
Lebt

Teufel

Blicke, die dich töten werden
Kälte die das Leben schockt
Atemlos
Und Herzbeschwerden
Überall nur Tod auf Erden
Glück, Vertrauen
Längst verzockt

Schläge tief in Herz und Seele
Eis tropft auf die nackte Haut
Whiskydunst
Verbrennt manch´ Kehle
Dass dies Feuer weiterschwele
Jede Nacht
Total versaut

Alles bricht in tausend Scherben
Schreie klirren durch die Nacht
Blitze zucken auf die Erden
Die sofort zu Monstern werden
Wart nur ab
Bald ist´s vollbracht

Zischend stoben Funkenschwaden
Aus der Höllentiefe auf
Renn jetzt los
Du darfst nicht warten
Sonst wirst du im Hass entarten
Und der Teufel frisst dich auch

Gift trieft an den Teufelspfeilen
Treffen jeden
Der noch hier
Lass uns flugs zum Himmel reiten
Lass uns nie mehr toben
Streiten
Und wir entgehen seiner Gier

Da, das Dunkel längst schon wabert
Fängt fast jeden
Der zu schwach
Wer noch blöd von Liebe labert
Wird von Dummheit schnell gekapert
Nein, der Teufel denkt nicht nach

Letzter Blitz
Letztes Begehren
Feuersbrunst flammt Träume fort
Schwefeldampf will uns verzehren
Hey, wir können uns noch wehren
Hey, wir sind noch hier vor Ort

Zerrissen

Auf jenem Friedhof ist's so kühl
Die Blumen wiegen sich im Wind
Erinnerungen
Ach, so viel
An all die Zeiten
Leid und
Spiel
Ich wär so gern wie einst
Als Kind

Kein Mensch ist hier
Es ist so still
Manch Traum verweht im Regenguss
Erinnerungen
Ach, so viel
Hier auf dem Friedhof gibt's kein Ziel
Hier gibt's kein Anfang
Keinen Schluss

Ich würd so gerne bei Euch sein
Die Einsamkeit wiegt schwer
So schwer
Erinnerungen müssen sein
Doch wiegen sie schwer wie ein
Stein
Zerrissen scheint das Herz
Und leer

Auf jenem Friedhof ist's so kalt
Der Abend kommt
Und Regen fällt
Da lebt man jung
Da wird man alt
Und man vergeht zu schnell
Und bald
Was bleibt
Wenn uns hier nichts mehr hält

Verloren

Nachts spiegeln sich die Straßen
In den Augen
Den weinend
Nassen
Allein trittst du in Pfützen
Niemand kann dich stützen
Und du frierst dich durch die Regennacht
Weil dein Gesicht nie wieder so lacht

Nachts spiegeln sich die Träume
In der Seele
In schwarzgraue Räume
Dass man nur ja nichts versäume
Dir fehlt das Glück
Du suchst nach Freude
Und du schreist dich durch die triste Nacht
Weil dein Herz nicht mehr schlägt wie gedacht

Nachts spiegeln sich Gelüste
Die es geben müsste
Jenseits mancher Drogen
Oder Küsse
Einsamkeit bleibt
Die bittersüße
Und du gierst dich durch die heiße Nacht
Weil deine Liebe irgendetwas Sau-Blödes macht

Nachts spiegeln sich die Tode
Die du stirbst
Die du verdirbst
Jenseitig aller schön-skurrilen Mode
Erfriert dir der Leib
Die Pfote
Und du stirbst dich durch die starre Nacht
Weil deine Hoffnung in Stücke
Zerkracht

Dunkelheit

Das dunkle Licht im Restaurant
Es blendet sie
Sekundenlang
Gleich ist es Zwölf
Gleich ist es aus
Gleich kennt sie weder Mann noch
Maus
Noch sitzt sie auf der Gästebank

Die Pandemie war viel zu lang
Im dunklen Licht
Im Restaurant
Man sprach von Hilfen,
Die so groß
Man sprach von Geld
Gar uferlos
Doch fühlt sie sich so einsam,
Krank

Corona-Lockdown – ewig bang
Im dunklen Licht
Schon wochenlang
Das Geld kam nicht
Jetzt ist es aus
Gleich ists nach Zwölf
So siehts jetzt aus
Und einsam wird's im Restaurant

Sie schaut sich um
Im Restaurant
Kein Mensch ist da
Die Welt ist krank
Sie hatte doch Konzepte live
Doch schienen die nicht gut
Nicht reif
Viel dunkles Licht im ganzen Land

Manch dunkles Licht
Facht grellen Brand
Macht tot wohl jedes Restaurant
Sie wartet noch
Auf helles Licht
Im Lockdown doch gibt's so was nicht
Da fährt wohl jeder an die Wand

Gleich ist es Eins
Welch eine Schand
Und dunkles Licht
Im Restaurant
Leis steht sie auf und geht hinaus
Schließt alles zu
Für Mann und Maus
Und dunkel wards in unserm Land

Falsche Freunde

Sie erzählen dir vom Segen
Von der Liebe
Deinem Glück
Ach, du wirst wohl ewig leben
Lügner wollen dir was geben
Ihr Gequatsche ist nur Trick

Und sie lächeln schön zum Scheine
Grinsen frech ins Angesicht
Niemals bist du mehr alleine
Sagen sie
Doch nur zum Scheine
Nein, die Wahrheit gibt's da nicht

Und sie flunkern
Und sie lügen
Und sie schwindeln wirklich gut
Haben dir manch' Brief geschrieben
Doch es sind nur böse Lügen
Die filtrieren Gift ins Blut

Manch' ein Schwätzer will dir schmeicheln
Schleicht sich ins Vertrauen ein
Glaub nicht seinem üblen Heucheln
Irgendwann wird er dich meucheln
Dann lässt er dich schnell allein

Mancher Arzt, der plappert stetig
Flunkert dir den Himmel vor
Doch er ist nicht wirklich redlich
Will nur Geld
Der Rest bleibt kläglich
So lügt er dir gern ins Ohr

Im TV spielt man betroffen
Ach, den Leuten geht's so schlecht
Sind die Kameras geschlossen
Wird gefeiert dort
Gesoffen
Im TV scheint gar nichts echt

Überall gibs falsche Freunde
Diese Welt ist voll davon
Glaub nur fest an deine Träume
Lass die Lügner
Deren Schäume
Ehrlichkeit ward dann dein Lohn

Unten

Leg den Kopf in eine Schlinge
Spür den Strick um deinem Hals
Hör des Teufels schrille Stimme
Dass sie dir im Ohre klinge
Bis es brennt wie zu viel Salz

Achte auf die stete Ruhe
In der Kammer, wo du bist
Zieh jetzt aus die warmen Schuhe
Steig auf jene alte Truhe
Bis du über allem schwebst

Schau dich um an jenem Orte
Denk nochmal ans letzte Jahr
Spar dir Hoffnung, Beten, Worte
Du bist von der harten Sorte
Weil dein Leben stets so war

Sing ein Liedchen, nur ein kleines
Freu dich drauf:
Gleich ists vorbei
Scheiß aufs Leben
S' war kein feines
Und es war wohl auch kein reines
Alles ist jetzt einerlei

Spann die Muskeln in den Beinen
Gleich springst du ins Nirgendwo
Brauchst jetzt auch nicht mehr zu weinen
Dir wird nur der Tod erscheinen
Du wirst sterben
Leicht und froh

Du setzt an zum letzten Sprunge
Schließt die Augen
Holst tief Luft
Frische Luft strömt in die Lunge
Und am Gaumen klebt die Zunge
Weil der Satan nach dir ruft

Um den Hals spannt sich das Seile
Ach, dir stockt der Atem schon
Spring jetzt, spring
Jetzt dräng zur Eile
Doch du zögerst eine Weile
Jener Selbstmord ward zum Hohn

Da piepst überm Kammerfenster
Leis ein Vögelchen gar schön
Ängstlich glaubst du an Gespenster
Dieser Tag, dein allerletzter
Will dir nicht so recht vergehn

Und du starrst zum Fenster rüber
Und du glaubst nicht, was du siehst
Deine Mama, da, singt Lieder
Und sie lächelt immer wieder
Auch wenn Tränen sie vergießt

Leise ruft sie:
Bleib am Leben
Du hast doch noch so viel vor
Kannst der Welt noch Liebe geben
Schau, da draußen, dieses Leben
Schärf die Augen
Schärf dein Ohr

Verzweifelt

Zerrissen schreist du nach der Wahrheit
Du kennst sie längst
Doch sie ist hart
Gar nirgendwo die stete Klarheit
Riskierst den Tod
In voller Fahrt

Schon zweigeteilt
Tappst du im Nebel
Du stehst am Grab der Eltern
Tot
Du suchst die Stille in den Wäldern
Du fürchtest dich vorm Morgenrot

Du wolltest doch nur leben
Leben
Jetzt spürst vom Tag du gar nichts mehr
Zerrissen, taub und blind und
Eben
Sind deine Sinne öd und leer

„Riskier den Tod"
Hat man gefaselt222
Jetzt ist dir klar:
Du bist nah dran
Dein Leben scheint total vermasselt
Du bist nicht Kind
Nicht Held
Nicht Mann

Zerrissen, taub und ohne Liebe
Erreicht hast du schon längst nichts mehr
Dein Dasein schlägt dir Seitenhiebe
Und aller Traum scheint dumm und quer

Schreib dich nicht ab
Noch kannst du leben
Solang du denkst
Bist du auch da
Der Tod wird dir jetzt gar nichts geben
Weils nie mehr wird
Wies einstmals war

Riskier den Tod
Riskier das Leben
Riskier dich selbst und mach dich stark
Riskier die nicht geweinten Tränen
Riskier den alten
Neuen Tag

Höllenwege

Schwarze Wege in die Hölle
Alles geht nur noch begrab
Wo ist Gott
Auf den ich zählte
Kaum noch Hoffnung
Nur noch Kälte
Und am End seh ich mein Grab

Düsternis in allen Straßen
Nacht droht überall um mich
Regen in den engen Gassen
Welt, ich spür
Du willst mich hassen
Mann, ich fühl mich fürchterlich

Stillstand klebt mich fest am Orte
Hier scheint alles tot und öd
Fast schon fehlen mir die Worte
Bin nicht von der starren Sorte
Diese Stille find ich blöd

Warum lässt mich Gott verzweifeln
Warum findet er das toll
Warum darf mich niemand streicheln
Nein, ich kann so keinem schmeicheln
In mir drin schreit Angst und
Groll

Lang such ich nach einem Wege
Der mich aus dem Alptraum führt
Doch verkohlt sind alle Stege
Fühl nicht, dass ich doch noch lebe
An dem Ort
Wo man nichts spürt

Einsamkeit in meiner Seele
Einsamkeit in Herz und Blick
Wie ich mich auch immer quäle
Komm vom Fleck nicht
Von der Stelle
Komme vorwärts nicht ein Stück

Alles scheint vorbeigezogen
Überholt von Glück und Zeit
Hab mich selbst zu oft belogen
Wohl zu lange Gott beschworen
Jetzt herrscht nur noch Dunkelheit

Ach, ich irr durch mein Verderben
Ists nun Hölle
Oder nicht
Keineswegs will ich jetzt sterben
Alles liegt noch nicht in Scherben
Ja, ich hoff noch auf mein Licht

Ekel

Übelkeit drückt in der Kehle
Klebt den Magen mir schon zu
Dieser Ort fällt im Gerede
Hier ists jämmerlich und blöde
Das Gesindel gibt kaum
Ruh

Ekelhaft der Heimat Wege
Überall nur Unrat
Dreck
Lieber ich woanders lebe
Lieber ich was Schönes sehe
Und ich will nur eines:
Weg

Scheiße ists in meinem Hause
Assi-Nachbarn überall
Hier bleibt weder Laus
Noch
Mause
Alles Abschaum
Übler Grause
Nur der letzte
Assi-Stall

Mob keift wütend durch manch´ Straßen
Deren Geld wird langsam knapp
Und ich spür
Wie alle hassen
Die da oben gierig prassen
Ja, ich hab dies alles satt

Ekel würgt mir in der Kehle
Selbst der Pfarrer ist ein Schwein
Schwindelt, lügt sich durch manch´
Seele
Ach, wie immer ich mich quäle,
Fällt zu dem mir Schlimmes ein

Alles hier stinkt nach Versagen
Nur der Wald liegt schweigend
Still
Dort stell ich mir tausend Fragen
Manchmal platzt der feste
Kragen
Und ich hab ein andres Ziel

Diese Gegend scheint verloren
Drogen,
Abscheu
Überall
Und die Blicke sind erfroren
Dummheit bleibt hier ungeschoren
Flucht ist mir die beste
Wahl

Düsternis

Düsternis klebt in der Stadt
Wo du harrst
Wo's nichts mehr hat
Einsamkeit und Starre nur
Und dein Wunsch verhallt so stur

Du willst fort aus diesem Nest
Wo die Zeit gefahren fest
Wo die Dummheit kriecht ums
Eck
Wo die Nachbarschaft wie Dreck

Abscheu lähmt den Leib
Den Sinn
Dieses Kaff ist kein Gewinn
Ängste lähmen deinen Geist
Der längst in die Ferne
Streift

Warum straft dich Gott nur so
Warum bist du nicht mehr froh
Warum kommst du hier nicht fort
Warum dieser miefig' Ort

Eine Antwort gibt es nicht
Schweigen nur
Und kaum ein Licht
Dunkle Straßen,
Regennass
Tränensang
Und welkes Gras

Eines Tages aber dann
Ziehst du deine Jacke an
Steigst ins Auto
Und hast Mut
Und fährst los
Und es wird gut

Wolfsland

Der böse Wolf ist wieder da
In Feld und Wald
Und ziemlich nah
Er ist ein Raubtier
Das scheint klar
Und manche Angst
Droht von
Gefahr

Er reißt manch′ Herdentier
Im Land
Hat uns gewiss schon längst erkannt
Doch keinen kümmerts
Und man schweigt
Weils nicht sein darf
In jener Zeit

Den Wolf kennt man vom
Märchenland
Doch hier ist er wohl kaum bekannt
Noch reißt er Herden nur
Manch′ Schaf
Noch scheint der Mensch in tiefem
Schlaf

Doch was
Wenn er im Hungerwahn
Ein Menschenkind visiert scharf an
Schläft man dann weiter
Lacht man noch
Erzählt vom Märchenland man noch

Man zuckt die Schultern
Und schaut weg
Die Bonzen kommen nicht vom Fleck
Man schimpft auf jene bösen Leut´
Die warnend rufen
Was nicht freut

Als grauer Wolf kommt er voran
Die Rudel werden mehr
Sodann
Ihn kümmert all die Dummheit nicht
Er hat kein Bös- und
Gut-Gesicht

So zieht er hungrig durch dies Land
Doch hat er uns schon längst erkannt
Er bleibt ein Raubtier
Das nicht brav
Und jagt manch´ dummes
Träges Schaf

Dreckiges Land

1.

Im fernen Land schnappt man jetzt über
Die Chefs wolln Gott sein
Scheiß aufs Volk
Zu nah am Feuer
Jetzt
Und wieder
Durch Korruption stehn sie hoch drüber
Doch war ein Mensch noch niemals
Gott

2.

Man trifft sie beinah überall
Sie werden ziemlich hoch bezahlt
Sie fühln sich wie die erste Wahl
Doch sind fürs Volk sie nur ´ne Qual
Sie eiern rum, bis laut es knallt

Milliarden Steuergelder – weg
Doch manch´ Minister fühlt sich toll
Verzockt
Verprasst
Ganz ohne Zweck
Doch kommt im Lande nichts vom Fleck
Das Volk hat längst die Nase voll

Und wenn´s nicht passt
Wird gut geschmiert
Da kennt sich manch´ ein Bonze aus
Damit die Wahl man nicht verliert
Damit die Brust ein Orden ziert
Gibt man versteckt Millionen aus

Nur wer gut zahlt, bekommt sein Glück
Und manch' Projekt verschlingt sehr viel
Doch vorwärts geht's dort nicht ein Stück
Das Geld versiegt
Mit gutem Trick
Projekte kommen schwer ans Ziel

Im Drogensumpf manch' große Stadt
Man kennt ihn gut,
Den „Drogen-Bär"
Dort dealt man sich die Birne platt
Und jeder, der dies alles satt
Bekommt Probleme
Hat es schwer

„Ich wüsst nicht, was ich ändern sollt"
So hat gekeift
Ich weiß nicht wer
So gärt's halt weiter
Unverzollt
Und man verprasst das Landes-Gold
Peinliche Dummheit
Hohl und quer

Recht schöngerechnet wird der Mist
Und schöngeredet aller Trug
Wo Korruption zu Hause ist
Bleibts auf den Straßen trüb und trist
Bleibts Schuldach morsch
Kocht hoch die Wut

Die Macht-Gier treibt manch' Schwätzer um
Er plappert nur
Bleibt faul und flach
Jedoch im Regiment ist's stumm
Man zahlt Berater, die recht dumm
Gescheitert sind sie
Klein und schwach

Mit Arroganz, wohl beispiellos
Hörn die dem Volke nicht mehr zu
Mit Überheblichkeit, die groß
Mit Händen, die schon lang im Schoß
Zerstört im Land man jede Ruh

Und wer die Wahrheit sagt im Land
Der ist ein böser *Populist*
Die Ehrlichkeit: schon längst verbannt
Dies Wunderland scheint abgebrannt
Weil man das Land
Das Volk vergisst

Man trifft sie wirklich überall
Die Schwätzer mit und ohne Zwirn
Sie können nichts
Sind letzte Wahl
Sie sind fürs Volk nur eine Qual
Verzockt, verprasst
Ganz ohne Hirn

Mit zehn Milliarden Steuergeld
Schmiert man ganz flott das Parlament
So wird man Chef der kranken Welt
Nur Korruption dort wirklich zählt
Auch wenn manch' „Hütte"
Lang schon brennt

Da nickt man brav
Das Geld schmiert gut
Manch' Speichellecker steigt schnell auf
Und wer nicht schmeckt
Kriegt seinen Hut
Aalglatt erzeugt man
Böses Blut
Doch die da oben scheißen drauf

Manch´ Medien heizen kräftig ein
Wer bringt wohl Action reich an Blut
Auf Fake News fallen viele rein
Millionen für manch´ Lug
Manch´ Schein
Die machen Meinung
Treu und gut

Man fragt:
Warum nur sind die so
Warum verzockt man Volkes Geld
Macht Korruption tatsächlich froh
Ist aller Klüngel reif fürs Klo
Ist´s schon egal, ob man noch wählt

Die Antwort darauf bringt kein Licht
Die Gier nach Macht prägt Nacht und Tag
Verloren Glaube und Gesicht
Denn ohne Schmieren geht´s wohl nicht
Es ist die Geisel
Die zu stark

Drogenclub

Sie sagen
Dass sie helfen wolln
Sie meinen
Dass sie niemals grolln
Ein Drogenclub dealt in der Stadt
Dort, wo es viele Menschen hat

Sie brauchen Spenden
Ehrenamt
Sie heucheln sich
Quer
Durch das Land
Sie halten fest zusammen doch
Und Drogen gibt es
Jede Woch´

Man tarnt sich gut
Man teilt sich auf
Mit Gift im Blut
Im Dauerlauf
Man gründet bärig manchen Trupp
Zum Schein ganz nett und schlau
Und gut

Sie lügen alle Leute an
Sie mögen Frauen, Kinder
Mann
Sie unternehmen ziemlich viel
Sie scheinen harmlos
Wie ein Spiel

So spenden viele Leute schnell
Ne Mitgliedschaft macht alles hell
Der Club gedeiht
Ward stark und reich
Nur mancher Spender bald
Erbleicht

Ja, all die Spenden helfen gut
Sind für manch' Dealer
Frisches Blut
Für jenen tollen Drogenring
Ist all das Geld
Das mieft und stinkt

Die Menschen sind doch scheiß egal
Und auch das Ehrenamt
Welch Qual
Und wer zu viele Fragen stellt
Wird von dem Clan schnell
Kaltgestellt

In solcher Stadt scheint Leben schwer
Denn ohne Drogen geht's nicht mehr
Manch' Drogenclub dealt in manch' Stadt
Wo es so viele Menschen hat

Mörder

Man sagt, er brachte Menschen um
Ein Serienkiller, ziemlich fies
Man sagt, er sei sehr roh und dumm
Ich weiß
Er brachte Kinder um
Sein ganzes Wesen
Total mies

Ein Mann, so um die zwanzig Jahr
Nicht hässlich
Dick
Kein Supermann
Den Leuten ist wohl alles klar
Mir scheint so vieles sonderbar
Was dachte er so dann und wann

Zwei Jungen hat er umgebracht
Er hats gestanden
Sitzt jetzt ein
Er wird jetzt ziemlich schwer bewacht
Weil er sie eiskalt umgebracht
Im Knast will niemand "Mörder" sein

Ich melde mich beim Staatsanwalt
Denn ich will sprechen mal mit ihm
Er hat gemordet tief im Wald
An einem Tag, der bitterkalt
Sein Leben macht wohl kaum noch Sinn

Drei Tage später dann im Knast
Sitzt er mir gegenüber schon
Ich schau ihn an
Er scheint so blass
Das Fenster wischt ein Regen nass
Er ist so jung
Wie manch´ ein Sohn

Sein Blick ist trüb
Er weicht mir aus
Will er nicht sprechen über „Das"
Da ist kein Teufel
Auch kein Graus
Doch ist er keine zahme Maus
Ich frage ihn: „Wieso, wie, was"

Durchs Fenstergitter flieht sein Blick
Kaum eine Regung spür ich, nichts
Vielleicht ist es auch nur ein Trick
Vielleicht ist ängstlich er ein Stück
In diesem Knast
Jenseits des Lichts

Zwei Wärter stehen vor der Tür
Die sind recht mächtig, stark und groß
Der Junge auf dem Stuhl vor mir
Scheint bleich und schwach
Kein wildes Tier
Die Hände zittern ihm im Schoß

Dann spricht er leis
So zaghaft
Schwer
-Er hörte Stimmen laut in sich-
Ganz tief in ihm wards da so leer
Er sagt, er tut so was nie mehr
Doch tröstet das nicht ihn
Nicht mich

Ich denk, als er so mit mir spricht
An seine Opfer, die jetzt tot
Sie hatten Mütter sicherlich
Die leiden jetzt so fürchterlich
Er brachte so viel Leid
Und Not

Wie hält man's aus, frag ich mich nur
Wie kann man das ertragen
Wie
Er sagt es nicht
Ist er zu stur
Ist da von Reue keine Spur
Schläft man des nachts als Mörder nie

Doch alles, was er sagt und meint
Verwischt, verschwimmt im Zimmer hier
Als er dann vor mir kniet und weint
Als er kein Mörder und kein Feind
Ist selbst er Opfer
Ohne Zier

Die Zeit verrinnt, ist bald vorbei
Man führt ihn fort
Man faucht ihn an
Noch einmal schaut er
Einerlei
Die Uhr zeigt nachmittags um Zwei
Er ist ein Junge doch
Kein Mann

Allein bleib ich im Raum zurück
Steh langsam auf und schau und schweig
An diesem Ort
So fern vom Glück
Begreif ich nichts
Kein einzig´ Stück
Beinah tut er mir sogar leid

Wie seine Opfer
Tot
Vorbei
So starb er selbst
Fort
Wegradiert
Sein Leben sinnlos
Aus
Ein Schrei
Nie wieder Menschsein
Nie mehr frei
Nur noch ein Wesen
Das erfriert

Die Leute rufen: *„Tod dem Schwein"*
„Wozu noch Knast für solchen Dreck"
Ich fühl mich ratlos
Muss das sein
Doch wer vergibt
Macht man sich klein
Erfüllt die Todesstraf´ den Zweck

Viel später schreib ich den Bericht
Und weiß nicht, wie ich´s schreiben kann
Der Regen wäscht das Fensterlicht
Als man im Radio plötzlich spricht:
Er hat erhängt sich
Irgendwann

Terrorist

Er war ein ganz normaler Mann
In blauen Jeans
Mit weißem Hemd
Gern sah er sich Museen an
Der ganz normale nette Mann
Ihm war's egal, ob man ihn kennt

Er hatte Arbeit
Irgendwo
Mit seinem Geld kam er gut aus
Er war für alles
Einfach so
War manchmal traurig
Manchmal froh
Er lebte in 'nem schönen Haus

Doch irgendwann schien alles trüb
Manch' Langeweile schlich sich ein
Das, was ihm einstmals gut und lieb
Schien plötzlich schlecht
Total verglüht
Er wollte richtig böse sein

So vieles sah er im TV
Manch Mörderclique fand er toll
Er war nicht dumm
Er war nicht schlau
Doch, was er wollt, wusst er genau
Er hatte längst die Schnauze voll

Denn all der öde Biederkram
Mit Haus und Auto
Frau und Kind
Das alles kotzte ihn längst an
Nie mehr ein artig-braver Mann
Er wollt dorthin, wo Kriege sind

So zog er fort aus seiner Stadt
Ins ferne Land
Zum Mörderclan
Das Leben hatte er so satt
Er wollte stark sein und nicht matt
Und kam bald in der Ferne an

Dort freute man sich wirklich sehr
Ein neuer Kämpfer
Oh, wie fein
Er kam so arglos, stark daher
Ihm fiel der Wechsel gar nicht schwer
Aus seinem Herz doch ward ein Stein

Man gab ihm ein Gewehr sodann
Und Sprengstoff für den großen Knall
Er war einst ein normaler Mann
Der sah sich gern Museen an
Doch ändert sich's so Fall auf Fall

Man schickte ihn flugs wieder fort
Zum Menschentöten für den Sieg
Er flog nach Haus
Zum Heimatort
Mit reichlich Sprengstoff
Wie ein Sport
Von dem am *End* nichts übrig blieb

In seiner Stadt, wo er mal froh
Sollt er nun morden voller Spaß
Er war für alles
Einfach so
War er nun glücklich oder froh
Blieb wirklich da nur Wut und Hass

Er setzte sich ins Kino dann
Die Leute kamen
Lachten laut
Er war doch ein normaler Mann
Er sollte töten
Jetzt
Nicht dann
Er spürte seine Gänsehaut

So zog er schnell am Sprengstoff-Gurt
Es krachte laut mit Feuerball
Doch schien wohl irgendwas verzurrt
Ein Blitz zerriss den Todes-Gurt
Und traf ihn selbst mit vollem Drall

Er sackte weg
Der Tod kam schnell
Die Menschen rannten ängstlich raus
Im Kino ward es neblig-hell
Sein Ende kam wohl ziemlich schnell
So sieht kein Heldensterben aus

Er war ein ganz normaler Mann
In blauen Jeans
Mit weißem Hemd
Er wollte stark sein
Irgendwann
Er sollte töten
Jetzt
Nicht dann
Er hat geschafft
Dass man ihn kennt

Ende

Sterne ziehen da am Himmel
So weit weg am Firmament
Was ist's für ein wild' Gewimmel
Diese Sterne dort am Himmel
Selten man den Namen kennt

Doch das Unheil naht behände
Einer bricht aus seinem Kreis
Ach, mir zittern schon die Hände
Wann stürzt er aufs Erd-Gelände
Niemand glaubt was jeder weiß

Irgendwann wird er wohl kommen
Jener Tag
Das böse End
Dann verlischt das Licht der Sonnen
Und kein Traum wird sich noch lohnen
Es verbrennt das letzte Hemd

Nostradamus wollt es wissen
Ja, er schrieb vom letzten Tod
Bald schon wird das End uns küssen
Alles Leben wird dann büßen
Sind wir längst in höchster Not

Schau zum Himmel
Weine
Schweige
Seh die Menschen
Hoffe noch
Wind bewegt die Birnbaum-Zweige
Und mein Blick flieht in die Weite
Und es naht manch'
Schwarzes Loch

Frau Holle

Ziemlich hoch im Wolkenzelte
Lebte sie für sich allein
Schaute traurig auf die Welte
Von dort oben
Ihrem Zelte
Wollt so gern mal Mutter sein

Doch zu ihr, welch schlimmes Leben
Kam niemals ein netter Mann
Ach, sie wollt doch Liebe geben
Und ein Kind, ein schönes Leben
Ein Familienglück sodann

Aller Traum jedoch blieb ferne
Mann und Kind
Nie kam's zu ihr
Lang schaut sie zu manchem Sterne
Alles Glück schien viel zu ferne
Keine Freude
Keine Zier

Da begann sie sich zu rächen
Holte sich, was sie gewollt
Nutzte aller Menschen Schwächen:
Mit der Gier wollt sie sich rächen
Zauberte ein Tor aus Gold

Damit lockte sie manch Mädchen
Und versprach das große Geld
Ach, es kamen aus dem Städtchen
Viele junge, hübsche Mädchen
Durch das Tor zur Wolken-Welt

Zur Begrüßung gab es Kuchen
Daunenbettchen wunderschön
Niemals gab es Grund zum Fluchen
Herrlich schmeckten Torten
Kuchen
Nein, kein Mädel wollte gehn

Doch wenn aller Tag vergangen
Kroch empor die schwarze Nacht
Plötzlich zischten tausend Schlangen
Dort, wo längst der Tag vergangen
Hat sich Unglück breitgemacht

Da, zur Hex ward die Frau Holle
Und ihr Wolkenhaus zerfiel
Formte sich zur schwarzen Scholle
Blitze zuckten um Frau Holle
Ach, es war ein böses Spiel

Alle Mädchen, die dort oben
Längst gefangen in der Scholl
Als die Wolken fortgezogen
Warn die Mädchen nicht mehr oben
Brach entzwei dies Tor aus Gold

So verschwanden hundert Mädchen
Keiner ahnte je wohin
Traurig lag nun Welt und Städtchen
Denn es fehlten junge Mädchen
Und es fehlte Glück und Sinn

Doch ein junger Prinz vom Meere
Hörte von dem Trauersang
Und er kam ganz ohne Heere
Mit dem Boot weit übers Meere
Und er suchte tagelang

Bis er sah die dunklen Wolken
Wo Frau Holle arglos war
Mit 'nem Luftschiff unbescholten
Flog er hoch bis zu den Wolken
Und sein Sieg schien sonnenklar

Er entdeckte jene Scholle
Wo die Mädchen eingesperrt
Doch da war auch noch Frau Holle
Die verteidigte die Scholle
Ihr Gesicht von Wut verzerrt

Kraftvoll hob der Prinz den Degen
Stach in jene Wolkenpracht
Dort heraus stob wilder Regen
Alle Mädchen warn am Leben
Als die Scholle laut zerkracht

Und im Luftschiff fröhlich singend
Flog der Prinz die Mädchen heim
Ach, sie tanzten lustig springend
Durch das Städtchen rufend
Singend
Alle konnten glücklich sein

Und Frau Holle in der Wolke
Kam wohl niemals wieder her
Denn das Tor aus purem Golde
War nur Lüge
Wie die Wolke
Gibt's Frau Holle da nicht mehr
???

Ein Schicksal

Er hatte einen Baum gefunden
Auf einer Lichtung stand er da
Nach all den Jahren, Tagen, Stunden
Hat er wohl keinen Sinn gefunden
Und keiner ahnte die Gefahr

Sein Leben: Einst ein großer Flitter
Ein Glanz, der alles überstrahlt'
Doch unter all dem bunten Glitter
Erkannte man nicht all die Gitter
Die von manch Lächeln übermalt

Er hatte Kinder, schien zufrieden
Er hatte eine hübsche Frau
Doch ward ihm wohl kein Glück beschieden
Denn tief in ihm war's schwarz geblieben
All seine Hoffnung blieb so grau

Reich war er nicht, doch auch nicht ärmlich
Den Job erledigte er gern
Nur selten ging es ihm erbärmlich
Er war kaum krank
Nie ging's beschwerlich
So manche Sorge schien ihm fern

Doch griff er oft zur Wodka-Flasche
Der Alkohol regierte ihn
Von seinen Wünschen blieb nur Asche
Er sagte nichts
Wohl seine Masche
Der Alkohol raffte ihn hin

An einem dunklen Regentage
Hat er sich von der Frau getrennt
Er fand sein Leben viel zu vage
Tief in ihm blieb die bange Frage:
Wo liegt des Lebens wahrer Sinn

Nun hatte er, was er stets wollte:
Alleinsein, Suff
Er war so frei
Doch nachts, wenn manch ein Alb laut grollte
Schien ihm, dass ihn der Teufel holte
Und jeder Traum ward längst wie Blei

Die Ängste trübten seine Seele
Er traute sich kaum noch hinaus
Der Schnaps rann ihm durch Mark und Kehle
Er hörte Stimmen und Befehle
Und hielt sein Leben nicht mehr aus

An jenem Tag, als Hagel knallte
Lief er davon
Ihn hielt nichts mehr
Ein Sturm ihm in die Augen prallte
Und Donner durch die Straßen hallte
Er fühlte nichts
Und nichts schien schwer

Wohl hat er einen Baum gefunden
Auf jener Lichtung, dort, im Wald
Vorbei ein Leben, das zerschunden
Nie heilten ab die tiefen Wunden
Er war noch jung
Und doch schon alt

Wieder mal

Wieder mal den Weg zum Amte
Stolpert sie so gegen Sechs
Noch ist sie die Unbekannte
Stolpert schnell den Weg zum Amte
Das liegt vor ihr links
Dann rechts

Brötchen, Kaffee, diesen lauen
Ein Gespräch kurz auf dem Gang
In die Unterlagen schauen
Wie viel werden sich heut trauen
Und die Zeit scheint ewig lang

Auf dem Stuhl, dem harten, kalten
Nimmt sie Platz, schaut hin und her
Menschen muss sie hier verwalten
Jenen Tag mit Sinn gestalten
Und manch Schicksal wiegt so schwer

Schon kommt rein der erste Kunde
Der sucht Arbeit
Oder nicht
Ziellos starrt er in die Runde
In der Seel klafft ihm 'ne Wunde
Angst sitzt tief ihm im Gesicht

Wut und Hoffnung muss sie kennen
Manchmal Härte auch
Und Mut
Nein, es bleibt kaum Zeit zum Flennen
Manchmal nachts ist Zeit zum Pennen
Oftmals glüht noch Arbeitswut

Ja, sie weiß, man liebt sie selten
An dem Ort, wo gar nichts gleich
Jenes Amt der tausend Welten
Wo manch' Regeln kaum noch gelten
Hier wird niemand wirklich reich

Wenn die Kunden dann gegangen
Ordnet sie den Aktenberg
Hier, wo manches unverstanden
Wo sich niemals Menschen fanden
Schaut sie plötzlich recht verklärt

Packt die Tasche und hält inne
Ob sich das mal ändern wird
An der Decke eine Spinne
Leis tropft Regen aus der Rinne
Alles scheint total verkehrt

Sollt sie wirklich einsam bleiben
Haus und Auto
All dies Zeug
Kommen auch mal bessre Zeiten
Ohne Klar- und Ebenheiten
Ohne künstlich-glatter Freud

Doch dann wischt sie sich die Augen
Aus der Haut kommt sie nicht raus
Dieser Traum vom Meer, dem blauen
Schon versunken
Kaum zu glauben
Schnell trinkt sie den Kaffee aus

Stumm nimmt sie vom Eisenhaken
Ihren Mantel
Ihren Schal
Zwischen Mondlicht
Mücken
Schnaken
Wird sie durch den Regen waten
Morgen früh
Und wieder mal

Drama

Sie lebte gut am Waldesrand
Mit Kindern, Gartenteich und Job
Ein schönes Haus dort, auf dem Land
Jetzt ist sie tot
Was für ein Schock

Man fand sie hinterm Haus
Im Teich
Das Wasser war vom Blut so rot
Sie war erfolgreich
Doch nicht reich
Man schoss sie nieder
In den Tod

Vom Mann war sie schon lang getrennt
Die beiden Kinder noch sehr klein
Den Nachbarn war sie niemals fremd
Sie war sehr nett
Trank manchmal Wein

Doch eines Tages in der Nacht
War da ein Fremder
Wars ein Freund
Hat Zutritt sich zum Haus verschafft
Ein Schuss, kein Schrei
Und ausgeträumt

Man fragte alle Nachbarn aus
Doch keiner hat den Mord vollbracht
Jetzt steht es leer, das kleine Haus
Und dunkel wird's dort in der Nacht

Da fand die Waffe man im See
Daran ein winzig kleines Schild
Als fiel der erste Winterschnee
Hat sich der letzte Fluch erfüllt

Die Schusswaffe war registriert
Auf einen Mann
Den Ehemann
Wohl hat er alle angeschmiert
Er kam und hasste
Schoss sodann

Man nahm ihn fest
Und er gestand
Er wollt die Kinder ganz für sich
Als er die Kleinen nirgends fand
Hat er geschossen
Fürchterlich

Sie war an einem falschen Tag
Am falschen Ort
Zur falschen Stund
Ihr Mann wollt alles, ohne Frag
Er war nicht krank
Und nicht gesund

Er weinte, als er das gestand
Die Kinder kamen schnell ins Heim
Ab jenem Tag, als man sie fand
Sollts niemals mehr wie früher sein

Nur eine Meldung im TV
Ein Drama irgendwo im Land
Sie war ´ne Mutter
Eine Frau
Ein Schicksal nur
Am Waldesrand

Dreckige Mauern

Schlag die Mauern einfach nieder
Sie sind Dreck
Sie bringen Tod
Sing stattdessen laute Lieder
Mauern bringen Leid und Not

Trennen Menschen
Träume
Liebe
Mauern stehn am Rand der Zeit
Zwischen Mauern
Junge Triebe
Haben sich vom Schmutz befreit

Mauern sind dem Blick im Wege
Stehen sinnlos nur herum
Mauern sind nur starr und träge
Mauern bleiben ewig dumm

Stoß die Mauer übern Haufen
Diesen Dreck brauch niemand mehr
Lasst uns über Mauern laufen
Schau nur
Es ist gar nicht schwer

Eine Geschichte

Es war einmal
So im April
Da war sie glücklich mit dem Mann
Ihr kleines Kind, es war nicht still
Es lachte und es weinte viel
Und hielt die drei ganz fest zusamm´

Die Sonne schien vom Himmelszelt
Es war ein wirklich schöner Tag
Da sang sie fröhlich in die Welt
Warm schien die Sonn vom Himmelszelt
Als plötzlich kam ein Schicksalsschlag

Ein Mann fiel schwer vom Baugerüst
Und jede Hilfe kam zu spät
Dort, wo ein Haus bald stehen müsst
Da fiel ein Mann vom Baugerüst
Ein Leben ward vom Wind verweht

Sie dachte grad an ihren Mann
Warum er wohl nicht kommen mocht´
Ein schwarzes Auto hielt sodann
Vor ihrem Haus
Man klopfte an
Sie hat zum Mittag schon gekocht

Die Todesnachricht traf so schwer
Vorbei manch Traum
Vorbei das Glück
Ihr Blick war starr und ziemlich leer
So manch´ ein Mittag wiegt so schwer
Sie glaubte schon, sie sei verrückt

Ihr war nach Schreien und nach Tod
Da starrt' sie auf ihr Kindelein
Es schien bald wie ihr einzig Brot
Das sie bewahrte vor dem Tod
Das sie bewahrt' vorm Einsam sein

Sie nahm das Kind in ihren Arm
Und wischte sich die Tränen fort
Die Kindesstirn war friedlich warm
Sie hielt ihr Kind ganz fest im Arm
An jenem traurig kühlen Ort

Jetzt musst' sie stark sein für das Kind
Denn Papa kommt nun nimmermehr
Dort, wo so viele glücklos sind
Musste sie kämpfen für ihr Kind
Die Zeit verfloss
Mal gut
Mal schwer

Und eines nachts am Himmelszelt
Erstrahlte hell ein neuer Stern
Der gab ihr Kraft für das, was zählt
In dieser schwierig schönen Welt
Der Papa sang ganz leis von fern

Das alles war vor zwanzig Jahrn
Das Kind ist groß
Die Mutter stolz
Es hat vom Papa nichts erfahrn
Der starb vor zwanzig langen Jahrn
Im Park nur weint ein Kreuz aus Holz

Dreckige Zeiten

So manch ein Traum
Verdirbt im Dunkel
So manche Hoffnung ward zu Staub
Das Böse schmerzt wie ein Furunkel
Die Zeit ist dreckig
Sie ist dunkel
Und manch' ein Tod gärt unterm Laub

Was du erdenkst
Fällt bald in Scherben
Zerstört von einem falschen Freund
Wenn du viel gibst
Wirst du nichts erben
All deine Güte wird verderben
Vorbei das Glück
Das du erträumt

Dunkle Provinz
Will dich verklagen
Weil Hetze dich zerstören soll
Dort kriecht der Mob
Wie tausend Plagen
Du spürst den Hass
Hast viele Fragen
Doch eine Antwort weiß nur Gott

Das Schweigen siegt
Und Kriege wüten
Ein Virus rafft die Menschen hin
Nie wieder froh
Nie mehr zufrieden
In jener Zeit der Gier
Der Lügen
Erstirbt der letzte Lebenssinn

Du bist in diese Zeit geboren
Du suchst nach einem echten Ziel
Doch scheint das Leben eingefroren
Hier ist das Gute längst verloren
Hier grinst der Teufel
Fröhlich
Kühl

Das Unrecht und die Bosheit wüten
Hier siegt nur
Wer laut um sich schlägt
Satan scheint nah
Dämonen brüten
Und niemand will die Welt behüten
Weil Geld und Gier
Die Hirne quält

Wo führt das hin
Wo wird es enden
Fest steht:
Es geht nicht ewig so
Was ist, wenn wir uns selbst verschwenden
Wenn wir uns selbst der Dummheit schenken
Dann stirbt die Zeit
Wie welkes Stroh